O'r Galon

Robat Powell

Lluniau gan Siôn Morris

I gyd-fynd â Taith Iaith 5

Cyhoeddwyd gan
Y Ganolfan Astudiaethau Addysg,
Aberystwyth, gyda chymorth ariannol
Cynulliad Cenedlaethol Cymru.

ISBN: 978 1 84521 197 4
ISBN: 978 1 84521 198 1 (set)

Cydlynwyd y gyfres gan Non ap Emlyn ac Eirian Jones
Dyluniwyd gan Ceri Jones

Llun y clawr: Siôn Morris

Diolch i Luned Ainsley, Angharad Evans, Ann Lewis,
Aled Loader a Dafydd Roberts am eu harweiniad gwerthfawr.

Argraffwyr: Gwasg Gomer

Cynnwys

Yr ynys

Ar fore Sadwrn
Mae'r gwely yn ynys braf
Yng nghanol môr
y gweiddi gwyllt.

Gweiddi'r athrawon
        o wers i wers;
Gweiddi Mam
        i godi'r llanast o'r llawr,
Gweiddi fy chwaer
        wrth ddrws y bathrwm.

Ond ar fy ynys braf
Dw i'n suddo dan y *duvet*
Gyda Radio Un
Fel suddo i'r bath.

Mae sŵn y storm
Yn torri dros yr ynys:
"Siapa hi nawr i olchi'r car!"
"Siapa hi nawr i lawr i'r siop!"

Dof, fe ddof yn ôl
I'r tir mawr yn y man –
Ond yn gynta, jest awr fach arall
Ym mreuddwyd fy ynys braf.

Siopa

Aethon ni i'r dre dan chwerthin,
Aethon ni yn hapus iawn,
Roedd pob wyneb yn disgleirio,
Roedd pob pwrs yn ddigon llawn!

Mynd ar unwaith at y siopau
Mynd fel cacwn at y mêl!
Mynd i gael ein llu bargeinion
Mynd i gyd yn syth i'r sêl!

Rhwng y siopau drud, *designer*
A'r archfarchnad mynd ar frys;
Siân am brynu top a threinyrs,
Fi am brynu jîns a chrys.

Tania'n prynu trowsus newydd,
Emma'n cael clustdlysau mawr;
Erbyn tri roedd pawb yn blino
A phob pwrs yn wag yn awr!

Ond rhwng Next a River Island
Roedd dyn ifanc digon llwm;
"Beth am gael *Big Issue*, ferched,
Cyn mynd adre'n ôl i'r cwm?"

Sbïon ni yn syn, a gofyn
"Punt pum deg? Mae'r pris yn jôc!"
Yna troi i'r caffi nesa
I ymlacio gyda *Coke* ...

Baled y Caru Mawr

Bob noson o'r wythnos roedd Cai yn y tŷ,
O flaen y teledu a'i ben yn ei blu;
Mwynhau yn y dre roedd ei ffrindiau i gyd
Yng nghanol y disgo neu'n cerdded y stryd.

Roedd ffrindiau Cai annwyl yn caru, bob un,
A'u straeon yn boenus i'w glustiau ddydd Llun,
Y straeon am snogio a dwylo ar groen,
A Cai bach yn gwrando, yn dawel fel oen!

"Dw i wedi cael digon o hyn," meddai Cai.
"Dw i'n mynd i gael cariad fy hun, a dim llai!"
Astudiodd y fform, a rhoi marciau o ddeg
I'r merched heb sboner ar draws Blwyddyn Deg.

Roedd Siân yn rhy gegog, roedd Emma'n rhy blaen,
I drafod Angharad roedd eisiau cael craen!
Ond sylwodd y bachgen ar angel bach hardd
Yn cochi fel blodyn yng nghanol yr ardd.

Roedd hon yn y ffreutur yn bwyta ei Twix,
A Cai'n penderfynu ei gwahodd i'r fflics.
"Hei del," meddai'r bachgen. "Ffansïo dod mas?
Mae Bond yn y pictiwrs, 'ti'n siŵr o gael blas!"

Fe nodiodd yr angel gan edrych yn syn,
A dodi ail hanner ei Twix yn y bin;
"Beth ydy dy enw?" – "Leanne," meddai hi.
"Dydd Sadwrn yn iawn?" meddai Cai. "Ti a fi?"

Pan ddaeth prynhawn Sadwrn fe aeth Cai yn awr
I'r stafell ymolchi am fwy na dwy awr;
Fe gafodd dair cawod nes berwi ei waed
A lyncso pob modfedd o'i ben hyd ei draed.

Am chwarter i bedwar fe gwrddodd y ddau.
"Yn gynta fe awn ni am dro," meddai Cai.
Roedd ganddo sawl cwestiwn i agor y sgwrs,
Wrth chwilio am fainc i gael snogad – wrth gwrs!

" 'Ti'n hoffi James Bond?" – "Ydw," meddai Leanne.
" 'Ti'n hoffi Big Brother a pizza *deep pan*?"
Fe driodd mor galed i sgwrsio, o do!
Ond "Ydw" a "Na'dw" a gafodd bob tro!

Leanne yn rhy dawel i agor ei cheg
A Cai ar ôl awr wedi blino yn deg!
Diolch byth, daeth yn amser i eistedd i lawr
Wrth ochr y ferch yn y sinema fawr.

Dim rhaid iddo siarad na sgwrsio fan hyn,
Ond cydio'n Leanne, a'i gwasgu yn dynn!
Ond daro! Roedd Cai wedi blino yn lân –
Fe gaeodd ei lygaid, fe oerodd y tân!

Roedd Cai yno'n cysgu yn sownd yn y man,
Ond codi a gadael y lle wnaeth Leanne!
"Naw wfft i ti'r pwdryn," meddyliodd hi.
"Tro nesa fe af i am dro gyda'r ci!"

A dyna yr hanes am gariad mawr Cai –
Oes gwersi i'w dysgu? Ar bwy oedd y bai?
Pan ewch chi i garu rhaid bod ar ddi-hun,
Neu byddwch fel Cai – gyda Bond wrtho'i hun!

Limrigau

Nofio

Os ei di o ganol y dre
I nofio'n y môr, gwylia'r lle!
Mae'r pysgod mawr, cas,
I gyd yn cael blas
Ar 'bobol a sglods' amser te!

Rygbi

Mae Dafydd yn fachwr Llanbethma,
O fechgyn y cwm, fe yw'r ffeina';
Ond gwyliwch e nawr
Cyn dechrau'r gêm fawr,
A'i ddannedd yn llym fel *hyena*.

Pêl-droed

A Gareth yn rhedeg tua'r gôl,
Daeth gwenynen i bigo'i ben ôl;
Fe saethodd ymla'n
Fel tarw ar dân,
Hyd heddiw mae'r boi heb ddod nôl!

Pe basai gwersi

Pe basai gwersi'r ysgol
I gyd yn fwyd gwahanol ...

Basai'r gwersi Saesneg yn bysgod di-flas,
A hanes yn sych fel cig moch cras.

Basai mathemateg yn stecen galed
A Ffrangeg yn wyn fel wy agored.

Basai cemeg yn gig i'w gnoi yn hir,
A byddai ffiseg yn fresych sur.

Ond beth fasai wedyn ar y fwydlen
A'r gwersi'n blasu fel cnoi malwen?

Basai Cymraeg yn bizza hyfryd,
A basai chwaraeon yn sglodion hefyd!
Cymraeg a chwaraeon bob prynhawn –
A finnau'n gwenu â bola llawn!

Beth sy'n well?

Dw i am anghofio gwaith TGAU
Ac aros gartre i fwynhau.

Dw i am rieni sydd yn dallt
Pam dw i ddim eisiau torri 'ngwallt.

Dw i am gael car i fynd ar sbîd
O flaen fy ffrindiau lawr y stryd.

Dw i am gael merch fel Lara Croft
I rannu noson yn fy llofft.

Dw i am ddod allan o fy nghell
A chroesi'r bont i rywle gwell.

Dw i am ffarwelio â'r dre hon
A byw yn rhywle dros y don,

A dw i am ennill lot o bres
I fyw yn hapus yn y gwres.

Ond pam dw i am gael newid byd
A chael y pethau hyn i gyd?

Mae gen i fwy na llawer un –
A beth sy'n well na fi fy hun!

Y neidr yn y ffôn

Cyffrous yw clywed caniad,
Cyffrous yw clywed tôn
Sy'n dweud bod neges destun
Yn aros yn fy ffôn.

Ond rhewi y mae Donna
Wrth glywed yr un dôn
Sy'n dweud bob dydd o'r wythnos
Fod neidr yn y ffôn.

"Ti'n hyll, ti'n ast, ti'n fabi,
Ti'n drewi yn y bôn,"
Yw neges glir y neidr
Sy'n poeri yn y ffôn.

Dw i'n trio codi'i chalon hi
Wrth gerdded lawr y lôn,
Ond all hi ddim anghofio
Y neidr yn y ffôn.

Testunau llon sy'n hedfan
Bob dydd o Fynwy i Fôn,
Ond tristwch llawer Donna
Yw'r neidr yn y ffôn.

Un prynhawn

Mae'r Sadwrn i fod yn sbri
I bobl ifanc fel ni.

Rhai'n cael cysgu ymlaen
i anghofio'r straen.

Rhai'n cwrdd â'r criw cyn cinio
Am awr o glebran a joio.

A rhai'n troi i'r pictiwrs wedyn
Am noson dwym gyda Rhywun.

Ond i mi mae'r Sadwrn yn llawn
Pan ddaw Dad yn ôl am brynhawn.

Pedwar tymor

Beth yw'r gwanwyn
Ond naid y nant
Yn dy chwerthin di?

Beth yw'r haf
Ond heulwen y traeth
Yn dy gusan di?

Beth yw'r hydref
Ond sychder y dail
Yn dy eiriau di?

Beth yw'r gaeaf
Ond cyllell y rhew
A gwaedd y gwynt
Lle, unwaith, buest ti?